Mavis
不 高 兴

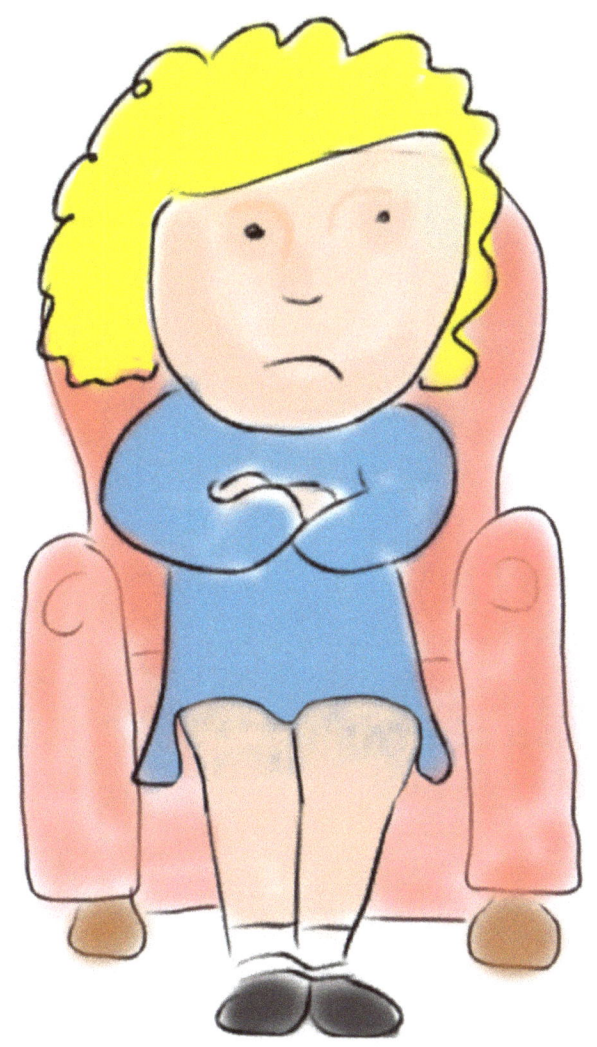

Mavis Bu Gaoxing
Simplified Character Version
Text and illustrations by Terry T. Waltz
©2013 by Terry T. Waltz

ISBN-13: 978-1-946626-09-7

No part of this work may be reproduced or stored in any alternate form, including for the purpose of display to a larger audience, and with the exception of brief excerpts for academic reviews, without the prior written permission of the copyright holder.

Mavis 很不高兴。

她不高兴,因为她很喜欢 Justin Lumberpond。

女人都喜欢 Justin Lumberpond，
因为他很好看。他也很酷。

高的 女人 喜欢 Justin Lumberpond。不高的 女人 喜欢 Justin Lumberpond。有长头发的 女人 喜欢 Justin Lumberpond。女人 都 喜欢 Justin Lumberpond。

Justin 酷!

Justin! 我 爱 你!

Justin 太高了。

「我要 Justin Lumberpond 喜欢我!」

因为Mavis 要 Justin 喜欢 她，所以 她看 CosmoVogue。CosmoVogue 说，Justin Lumberpond 喜欢 高的 女人。

但是，Mavis 不高。她哭，因为她不高。她哭，因为 Justin Lumberpond 不喜欢她。

Mavis 去 哪儿？Mavis 去「我们 'R' Heels」。

Mavis 高了！但是 Justin Lumberpond 不喜欢她。

Mavis 很不高兴！Justin 为什么不喜欢她？

Mavis 看「Entertainment 今天」。
「Entertainment 今天」说，Justin Lumberpond 喜欢长头发。

但是，Mavis 的 头发 不长！

Mavis 去「Trump's Wigs」。她有长头发了！

长头发
不好看!

但是 Mavis 不喜欢长头发。

Justin Lumberpond 也不喜欢。

「我高了,但是 Justin 不喜欢我。我的头发长了,但是 Justin 也不喜欢我。」

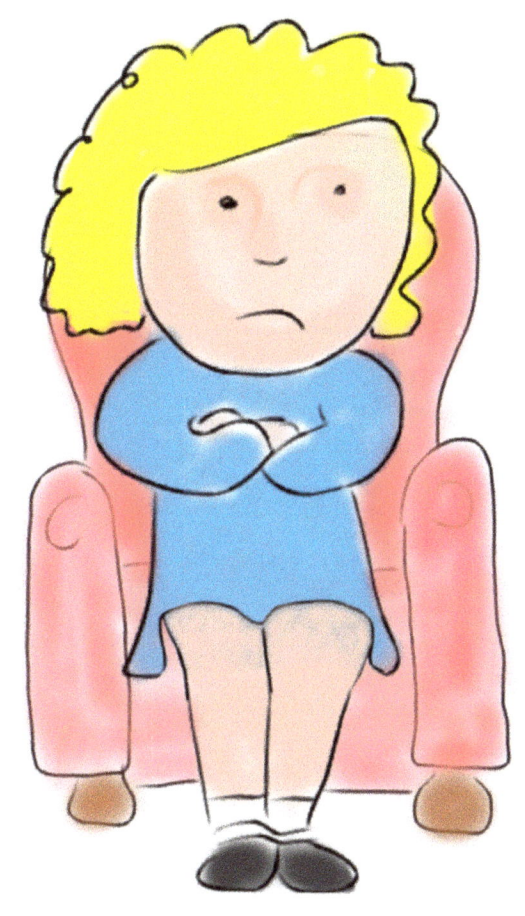

「Justin 不好！我 不 喜欢 Justin 了！我 喜欢 看书。」

所以 Mavis 看书。她看书不是因为 Justin Lumberpond 喜欢看书。是因为她喜欢看书。

Justin Lumberpond 看 Mavis 看书。
他书:「我也很喜欢看书!」
Justin 很喜欢看书的女人!

Mavis 说:「我们看书,好不好?」Justin 说:「好!」
Mavis 跟 Justin 都很高兴了。

www.ingramcontent.com/pod-product-compliance
Lightning Source LLC
Chambersburg PA
CBHW051252110526
44588CB00025B/2962